Traduction de Anthéa Shackleton

Dépôt légal Mai 1991
ISBN 2-205-04045-6

Imprimé en France - Publiphotoffset 75011 Paris - en avril 1991
Printed France

VOYONS... J'AI PONDU UN OEUF PAR JOUR DEPUIS DIX ANS...
EN TOUT, ÇA FAIT 3650 OEUFS.
ET PAS UN SEUL QUI VIENNE ME VOIR DE TEMPS EN TEMPS !
© 1984 Tribune Media Services, Inc. All Rights Reserved

CRACK
NE COMPTEZ PLUS SUR MOI POUR JOUER LES MÈRES PORTEUSES !
© 1984 Tribune Media Services, Inc. All Rights Reserved

TU AS TROUVÉ DU POISSON CE MATIN ?
OUAIP... DEUX KILOS.
DEUX KILOS EN UNE HEURE ! FANTASTIQUE ! C'EST QUOI COMME POISSON ?
VIVAGEL, BIEN SÛR !
© 1984 Tribune Media Services, Inc. All Rights Reserved

1

LE PETIT GRIMMY A FAIM ? IL A ENVIE DE MIAM MIAM ?
IL A ENVIE DE GERBER !
© 1984 Tribune Media Services, Inc. All Rights Reserved

© 1984 Tribune Media Services, Inc.
All Rights Reserved
L'EMBARRAS DU CHOIX !

REGARDE, GRIMMY, JE T'AI ACHETÉ UNE BOÎTE DE PATÉE POUR CHIENS.
J'EN AI DÉJÀ UNE, MERCI.
TRAS
© 1984 Tribune Media Services, Inc.
All Rights Reserved

A TON AVIS, C'EST COMMENT LE PARADIS ?
© 1984 Tribune Media Services, Inc.
All Rights Reserved
LES CHIENS ONT LEUR PARADIS A EUX ?
OUI... UNE POUBELLE DERRIÈRE UN MACDONALD !

MÈRE L'OIE, QU'A FAIT LE LIÈVRE QUAND LA TORTUE L'A BATTU À LA COURSE ?
© 1984 Tribune Media Services, Inc.
All Rights Reserved
UN CONTRÔLE ANTI-DOPING .

CE DENTIFRICE EST INFECT !
QU'EST-CE QU'IL Y A D'ÉCRIT SUR LE TUBE ?
SOULAGE LES HÉMORROÏDES...
© 1984 Tribune Media Services, Inc. All Rights Reserved
10/20

PASSE-MOI LA PAGE DE LA BOURSE !
QU'EST-CE QUE TU VEUX SAVOIR ?
LES COURS DU PORC.
© 1984 Tribune Media Services, Inc. All Rights Reserved
10/23

OH, OH... IL Y A DE LA DIOXINE DANS LE LAC.
POURQUOI ?
CE POISSON EST DÉJÀ CUIT !
© 1984 Tribune Media Services, Inc. All Rights Reserved
10/27

3

EVIDEMMENT, SI VOUS TROUVEZ NOTRE ABRI ANTI-ATOMIQUE EN BRIQUES TROP CHER, NOUS POUVONS VOUS LE FOURNIR EN PAILLE.
© 1984 Tribune Media Services, Inc. All Rights Reserved
10-30

© 1984 Tribune Media Services, Inc.
All Rights Reserved
DIS-DONC... SI ON S'EN ALLAIT ?
JE N'AIME PAS LES SALADES, MOI !

© 1984 Tribune Media Services, Inc
All Rights Reserved
MAIS C'EST PETER ! PETER PAN ! TU TE SOUVIENS DE MOI ? LA P'TITE CHOUCHOUGNETTE... ON ETAIT EN TROISIEME ENSEMBLE. DIS DONC TOI, T'AS PAS BOUGÉ D'UN POUCE !

JUNK
© 1984 Tribune Media Services, Inc.
All Rights Reserved
LES JOGGEURS ET LES COUREURS, C'EST PAS LA MÊME CHOSE ...
LES JOGGEURS COURENT APRÈS D'AUTRES JOGGEURS...
LES COUREURS COURENT APRÈS DES R.25.

PARFOIS J'AI DU MAL À M'ENDORMIR !
© 1984 Tribune Media Services, Inc.
All Rights Reserved
J'IMAGINE QUE DES TYPES M'ATTENDENT DEHORS AVEC UN COUTEAU DE BOUCHER.
RACONTE !!

FAUT FAIRE QUELQUE CHOSE POUR DÉCOURAGER LES CAMBRIOLEURS...
© 1984 Tribune Media Services, Inc. All Rights Reserved
CHIEN MÉCHANT
VOILÀ... IL NE MANQUE PLUS QUE LE CHIEN !
CHIEN MÉCHANT

ET ILS VÉCURENT HEUREUX ET EURENT BEAUCOUP D'ENFANTS...
© 1984 Tribune Media Services, Inc. All Rights Reserved
DES QUESTIONS, LES ENFANTS ?
QU'EST-CE QUE C'EST REPOSANT LA MATERNELLE!

GRIMMY, DONNE-MOI MES PANTOUFLES JEANNOT LAPIN, S'IL TE PLAIT ?
C'ÉTAIENT DES PANTOUFLES ?!

5

VELOS, PATINS, CHIENS INTERDITS.
LA TOTALE...
© 1984 Tribune Media Services, Inc. All Rights Reserved

HÉ... T'AS DU CHEWING GUM ?
OUI ... TIENS...
... IL Y EN A ENCORE BEAUCOUP SOUS LE FAUTEUIL.
© 1984 Tribune Media Services, Inc. All Rights Reserved
12-8

VOYONS VOIR... QUE DIT MON HOROSCOPE AUJOURD'HUI ?
... VOUS ALLEZ VOUS RÉVEILLER, MANGER, RESPIRER ET VOUS RENDORMIR...
QU'EST-CE QU'ILS SONT FORTS !
12-14
© 1984 Tribune Media Services, Inc. All Rights Reserved

ELLES M'ONT SUIVI JUSQU'À LA MAISON... J'PEUX LES GARDER ?
© 1985 Tribune Media Services, Inc. All Rights Reserved
1-25

6

J'AI UN CREUX... FAUDRAIT QUE JE ME TROUVE UNE COUPE-FAIM.
© 1985 Tribune Media Services, Inc. All Rights Reserved
1-28

OUF ! CE N'EST QUE VENDREDI !

ÉCOUTE, LA PUCE... VIS SUR MON DOS SI TU VEUX ...
TA MUSIQUE ET TES FOLLES SOIRÉES NE ME GÊNENT PAS...
MAIS LES GUITARES ÉLECTRIQUES C'EST TROP !

EST-CE QU'IL CONNAIT DES TOURS ?
MONTRE-LEUR GRIMMY !
CHOISIS UNE CARTE...

MAÏS
CHOUX
HARICOTS
WAHAHAHA !
MAMAN !
PAPA !

'JOUR, MÈRE L'OIE. ELLES SONT BELLES TES NOUVELLES CHAUSSETTES...
QUELLES CHAUSSETTES ?

ALORS LE VILAIN PETIT CANARD GRANDIT ET DEVINT UN MAGNIFIQUE CYGNE !
!
COIN, COIN, COIN...

FINALEMENT...
IL NE FAUT JAMAIS LÉCHER UNE BOUCHE D'INCENDIE GELÉE.

GRIMMY, ARRÊTE DE BOIRE DANS LES W.C. !
MAUVAIS CHIEN ! MAUVAIS CHIEN !
MAUVAISE HALEINE ! MAUVAISE, MAUVAISE HALEINE !

C'EST LA PREMIÈRE FOIS QUE J'EN ATTRAPE UNE ! QU'EST-CE QUE J'EN FAIS ?
© 1985 Tribune Media Services, Inc. All Rights Reserved

HÉ, GRIMMY... TU VEUX JOUER AVEC MOI ?
D'AC.
© 1985 Tribune Media Services, Inc. All Rights Reserved
ATTRAPE...

© 1985 Tribune Media Services, Inc. All Rights Reserved
SPLAT !
IL NE FAUT JAMAIS COURIR APRÈS UNE VOITURE ARRÊTÉE.

9

J'AI COMPRIS POURQUOI LES CHIENS NE GRIMPENT PAS AUX ARBRES...
© 1985 Tribune Media Services, Inc. All Rights Reserved
LES ÉCHARDES DANS LE NOMBRIL, ÇA FAIT MAL !

C'EST BIZARRE, PARFOIS CE CHIEN ME FAIT PENSER À UN ÊTRE HUMAIN ...
C'EST BIZARRE, PARFOIS CETTE OIE ME FAIT PENSER À UN ÊTRE HUMAIN ...
4/13

MACH 2
VITE PASSE À MACH 2 !
4-15
©1985 Tribune Media Services, Inc. All Rights Reserved

GRIMMY, ON VIENT DE NOUS LIVRER LE COMPRESSEUR D'ORDURES.
© 1985 Tribune Media Services, Inc. All Rights Reserved
4/23
JE SAIS !

AH... UNE CHENILLE RAYÉE ...
5-3
UNE CHENILLE RAYÉE NOIR ET JAUNE ...
10
UNE CHENILLE RAYÉE NOIR ET JAUNE ET PLEINE DE POILS ...
... SUR UN PETIT PAIN BEURRÉ !

GRIMMY, SI LE CHIEN EST LE MEILLEUR AMI DE L'HOMME...
QUI EST LE MEILLEUR AMI DU CHIEN ?
EUGÈNE POUBELLE !
© 1985 Tribune Media Services, Inc. All Rights Reserved

QU'EST-CE QUE TU FAIS, MÈRE L'OIE ?
JE PRÉPARE UNE PIZZA POUBELLE POUR GRIMMY... C'EST SA PRÉFÉRÉE...
TU VEUX DIRE UNE PIZZA QUATRE-SAISONS ?
NON, UNE PIZZA POUBELLE !
© 1985 Tribune Media Services, Inc. All Rights Reserved

DES PLUMES ! GRIMMY, TU AS ENCORE ATTAQUÉ CES PAUVRES OISEAUX...
C'ÉTAIT QUOI CETTE FOIS-CI ? UN PIAF ? UN MERLE ?
COU... COU...
© 1985 Tribune Media Services, Inc. All Rights Reserved

11

OH LÀ LÀ... UN PETIT OISILLON TOUT GELÉ... FAUT FAIRE QUELQUE CHOSE POUR LE RÉCHAUFFER !
T'AS RAISON ! VOILÀ LE BARBECUE. VA CHERCHER LE CHARBON DE BOIS !
© 1985 Tribune Media Services, Inc. All Rights Reserved

GRIMMY... FAUT QUE TU FASSES QUELQUE CHOSE DE TA VIE. DEVENIR CHIEN POLICIER, ÇA TE PLAIRAIT ?
BONNE IDÉE... POUR ME METTRE DANS LE BAIN, JE COMMENCE PAR REGARDER NAVARRO.

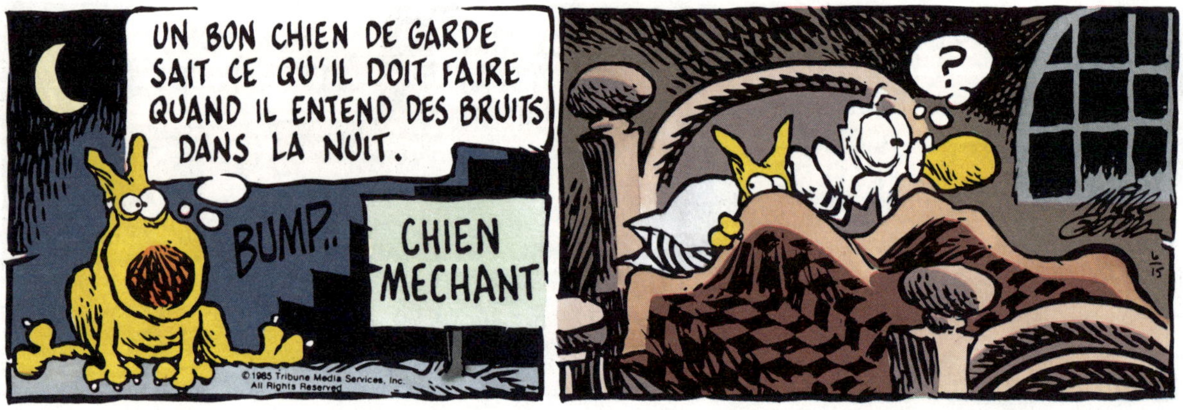
UN BON CHIEN DE GARDE SAIT CE QU'IL DOIT FAIRE QUAND IL ENTEND DES BRUITS DANS LA NUIT.
BUMP..
CHIEN MECHANT
©1985 Tribune Media Services, Inc. All Rights Reserved
?

J'AI LA DALLE... FAUT QUE JE TROUVE QUELQUE CHOSE À ME METTRE SOUS LA DENT!
PTT

TIENS... UNE NICHE À OISEAUX.
SECOUONS UN PEU... ET VOILÀ... LE DÎNER EST SERVI !

NON, NON... CRACHE, GRIMMY ! CRACHE !
!

PAS POSSIBLE !
ALLEZ, TOUT LE MONDE DEHORS !
OUF... J'AIME MIEUX ÇA !

AUJOURD'HUI, NOTRE COURS DE GÉO SE RAPPORTE À UNE TRIBU DU SUD-OUEST DES ÉTATS UNIS...
♪♪ DAL-LAS ♪♪

13

MÈRE L'OIE, POURQUOI LES VOISINS ONT-ILS UN COFFRE-FORT DEVANT LA MAISON ?
C'EST PAS UN COFFRE-FORT...
C'EST LEUR NOUVELLE POUBELLE.

© 1985 Tribune Media Services, Inc. All Rights Reserved
8-13
À L'AFFICHE
UN ADULTE ET SIX PUCES, S'IL VOUS PLAÎT.

8-15
FIZZT FIZZT...
© 1985 Tribune Media Services, Inc. All Rights Reserved

VOYONS... LE DRESSAGE DES CHIENS...
LE DRESSAGE DES CHIENS
8-22
© 1985 Tribune Media Services, Inc. All Rights Reserved
"COUCHÉ"
LE DRESSAGE DES CHIENS
ÇA COMMENCE À ME PLAIRE.
14

© 1985 Tribune Media Services, Inc. All Rights Reserved
GRIMMY, TU ES CENSÉ ÊTRE UN CHIEN DE GARDE.
8-24
FAUT QUAND MÊME QUE TU FASSES UN EFFORT POUR PROTEGER LA MAISON...
ALLO, L'UAP ?

©1985 Tribune Media Services, Inc.
All Rights Reserved
MES PUCES AVAIENT ENVIE D'ALLER AU RESTAURANT !
8
29

J'AI ACHETÉ UN BAIN DE BOUCHE CANIN POUR GRIMMY.
9-3
UN BAIN DE BOUCHE CANIN ? CONNAIS PAS ... ÇA S'APPELLE COMMENT ?
© 1985 Tribune Media Services, Inc.
All Rights Reserved
W.C. NET.

© 1985 Tribune Media Services, Inc.
All Rights Reserved
9
12
JE SUIS SÛR QUE J'AI ENTERRÉ UN OS JUSTE À CÔTÉ DE CE GROS ...
ZAP
... CÂBLE SOUTERRAIN.
15

Chère Mère l'Oie,
Est-il exact que lorsqu'un chien à la truffe froide, c'est qu'il est en bonne santé ?
9-13
© 1985 Tribune Media Services, Inc.
All Rights Reserved
Oui, ou alors c'est qu'il est mort !

GRIMMY, J'AI TOUT ESSAYÉ SUR TES PUCES, MAIS RIEN NE MARCHE.
IL VA FALLOIR QUE J'UTILISE DE LA POUDRE...
© 1985 Tribune Media Services, Inc. All Rights Reserved
A CANON

ÉCOUTE-MOI, GRIMMY, IL NE FAUT PLUS QUE TU MANGES A TABLE, COMPRIS!
COM-PRIS...
!
© 1985 Tribune Media Services, Inc. All Rights Reserved

TU SAIS, NOUS LES OIES, NOUS AVONS UN AVANTAGE SUR LES AUTRES.
MÊME SI ON ATTRAPE PAS DE POISSONS, ON N'A JAMAIS FAIM.
AH BON ?
NON... ON MANGE LES VERS.
© 1985 Tribune Media Services, Inc. All Rights Reserved

16

VOILÀ.
GRIMMY NE POURRA JAMAIS GRIMPER JUSQUE LÀ.
ELLE ME SOUS-ESTIME.
© 1985 Tribune Media Services, Inc. All Rights Reserved

QUAND ON A DE GRANDES OREILLES, ON CAPTE DES TAS DE CHOSES...
DES PUCES, DES TIQUES, DES CHAMPIGNONS...
© 1985 Tribune Media Services, Inc.
All Rights Reserved
11-7

VOILÀ TON DÎNER, GRIMMY.
ENFIN... JE MANGERAIS UN CHEVAL.
AHEM...
OUBLIEZ LE CONDITIONNEL.
© 1985 Tribune Media Services, Inc.
All Rights Reserved
11/12

J'AI L'IMPRESSION D'AVOIR DES MITES DANS LE VENTRE.
ÇA DOIT ÊTRE LES ASTICOTS QUE J'AI MANGÉS LA SEMAINE DERNIÈRE.
© 1985 Tribune Media Services, Inc.
All Rights Reserved
11/30

17

12-9
© 1985 Tribune Media Services, Inc.
All Rights Reserved
LES LUNDIS, FAUT QUE JE RECHARGE MES BATTERIES !

MARC GELLER
© 1985 Tribune Media Services, Inc. All Rights Reserved
12-17
C'EST UN SAPIN DE NOËL, GRIMMY... COMPRIS ? TU NE TOUCHES PAS !

L'ENNUI PEUT FAIRE NAÎTRE CHEZ CERTAINS CHIENS, UN INSTINCT DESTRUCTEUR...
© 1985 Tribune Media Services, Inc. All Rights Reserved
12/19
MARC GELLER

MANGE TON FOIE, GRIMMY... ÇA REND INTELLIGENT.
12-21
GRIM
© 1985 Tribune Media Services, Inc. All Rights Reserved
PLOP
MAIS QU'EST-CE QU'IL T'ARRIVE ?
UN COUP DE GÉNIE !
18

12-25
TOUTE L'ÉQUIPE VOUS SOUHAITE UN JOYEUX NOËL !
MARC GELLER
© 1985 Tribune Media Services, Inc. All Rights Reserved

QUE DES PUCES VIVENT SUR MON DOS, JE M'EN FICHE.
QU'ELLES FASSENT LA FÊTE, ÇA M'EST ÉGAL.
MAIS QU'ELLES SE FAS-SENT LIVRER DES PIZZAS... ÇA NON !
PIZZA
12-28
© 1985 Tribune Media Services, Inc. All Rights Reserved

12-31
OUAF, OUAF, OUAF, OUAF, OUAF, OUAF, OUAF.
© 1985 Tribune Media Services, Inc. All Rights Reserved

SALUT GRIMMY... JE VAIS AU MARCHÉ AUX PUCES.
ÇA S'ACHÈTE, CES BESTIOLES LÀ ?
1-2
© 1985 Tribune Media Services, Inc. All Rights Reserved

SCRATCH. SCRATCH..
!
SCRATCH SCRATCH..
QUINZE-ZERO... CHANGEMENT DE SERVICE !
19
1-4
© 1986 Tribune Media Services, Inc. All Rights Reserved

GRIMMY, SAIS-TU OÙ EST PASSÉE L'AUTRE PANTOUFLE ?
BEN... ELLE DOIT ÊTRE QUELQUE PART ENTRE MON ESTOMAC ET MON DUODÉNUM.
1-7

MUNCH MUNCH... MUNCH...
LES TAPIS D'ORIENT, C'EST QUAND MÊME UN PEU FADE SANS SAUCE SOJA !
MUNCH...
1-18

LE PAUVRE GRIMMY... ÇA M'ENNUIE DE LE VOIR DEHORS PENDANT QUE JE MANGE...
COMME ÇA, C'EST MIEUX...
1-23

20

QUAND JE TROUVE UN LIVRE QUI ME PLAÎT, JE LE DÉVORE D'UN TRAIT.
1-24

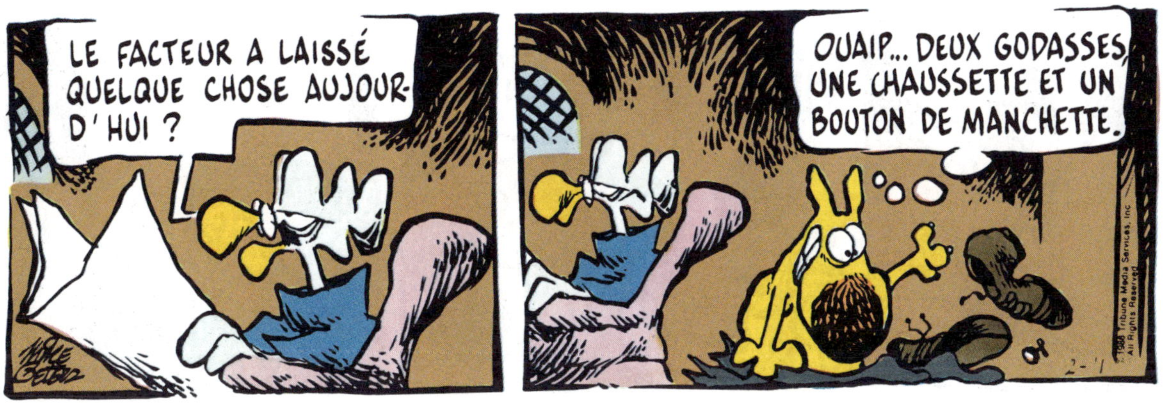
LE FACTEUR A LAISSÉ QUELQUE CHOSE AUJOURD'HUI ?
OUAIP... DEUX GODASSES, UNE CHAUSSETTE ET UN BOUTON DE MANCHETTE.
© 1986 Tribune Media Services, Inc. All Rights Reserved

C'EST PAS GENTIL DE MANGER SON PULL PRÉFÉRÉ.
J'AURAI QUAND MÊME DÛ D'ABORD L'ENLEVER DU CINTRE !
© 1986 Tribune Media Services, Inc. All Rights Reserved

© 1986 Tribune Media Services, Inc. All Rights Reserved
ALLEZ, ON Y VA, LES GARS... C'EST LA FÊTE !
IL EST TEMPS QU'ON ME CHANGE MON COLLIER ANTI-PUCES.

21

GRIMMY, SI TU ARRÊTAIS DE GRIMPER SUR LA TABLE ?
© 1986 Tribune Media Services, Inc. All Rights Reserved
ET SI TU TE METTAIS À FAIRE LA CUISINE PAR TERRE ?

HMM...
GULP
©1986 Tribune Media Services, Inc.
All Rights Reserved
PAS MAUVAIS, LES CHENILLES.
ON DIRAIT DES PÂTES DE FRUITS PLEINES DE POILS.
3/6

UNE ANNÉE DANS LA VIE D'UN ÊTRE HUMAIN, ÇA EN FAIT SEPT POUR UN CHIEN.
3-8
HMMM, AU SECOURS!
©1986 Tribune Media Services, Inc.
All Rights Reserved
LE TROISIÈME ÂGE ME GUETTE !

ALLO, AMERICAN EXPRESS ?
3-11
VOUS SEREZ CONTENTS D'APPRENDRE QUE J'AI ENFIN LA POSSIBILITE D'ÉPONGER MA DETTE.
VOUS ACCEPTEZ LA CARTE BLEUE?
©1986 Tribune Media Services, Inc.
All Rights Reserved

22

FAISONS UN VOEU ! C'ET LA PREMIÈRE HIRONDELLE DE L'ÉTÉ !
3-13
©1986 Tribune Media Services, Inc.
All Rights Reserved

JE VOUDRAIS UNE LAISSE ASSEZ SOLIDE POUR UN BULL-TERREUR.
VOUS VOULEZ DIRE UN BULL-TERRIER ?
J'AI DIT UN BULL-TERREUR !

J'AI BESOIN D'AFFECTION !

MÈRE L'OIE, JE CROIS QUE LE CHIEN VEUT ENTRER...

23

TU VEUX VOIR MA COLLECTION DE PAPILLONS ?

PLUS BAS... PLUS BAS... À GAUCHE... AAAAH... OUI, LÀ, LÀ ...
4-29
©1986 Tribune Media Services, Inc
All Rights Reserved

DÉSOLÉE, MONSIEUR... J'AI OUBLIÉ MON PORTE-MONNAIE VOUS PRENEZ LE PLASTIQUE ?
BIEN SÛR ...
PARFAIT. VOILÀ UNE BROSSE À DENTS.

QU'EST-CE QU'IL Y A, GRIMMY ?
C'EST CE COLLIER À PUCES ...
IL EST TROP GRAND POUR LES MIENNES.
6-12

24

MÈRE L'OIE, VOTRE CHIEN A PLUS DE 350 ESPÈCES DE PARASITES, DE PUCES ET DE TIQUES.
ALORS, FAITES QUELQUE CHOSE !
IMPOSSIBLE !
LES PARCS NATURELS SONT PROTÉGÉS.
6-19

MÈRE L'OIE, QUELLE EST LA LONGUEUR DE VIE MOYENNE D'UN BULL-TERRIER ?
QUINZE ANS OU 80.000 KMS

BONJOUR, GRIMMY... COMMENT TU VEUX TES OEUFS CE MATIN ?
ÉCLOS... SI C'EST POSSIBLE ?

VIENS VITE... JE CROIS QUE GRIMMY VEUT SORTIR.

25

GRIMMY, DU GIBIER, ÇA TE DIT ?
MENU
TU VEUX DIRE LES DEUX FACTEURS ET LE PLOMBIER QUI SONT PASSÉS CE MATIN ?

CHIEN MÉCHANT
EN TOUT CAS JUSQU'A CE QUE J'AI PRIS MON PREMIER CAFÉ !

BIZARRE... CE SOIR, GRIMMY N'A PAS ESSAYÉ DE VOLER MON DÎNER UNE SEULE FOIS !

VOUS FAITES DE LA CHIRURGIE PLASTIQUE, DOCTEUR ?
OUI, MADAME... POURQUOI ?
MON CHIEN VIENT D'AVALER MES CARTES DE CRÉDIT.

26

CHIEN FOU
MAIS JE ME SOIGNE !

TIENS... IL PARAÎT QUE CHACUN D'ENTRE NOUS PORTE UN LIVRE EN LUI ?
ECRIRE SANS PEINE
PAS POSSIBLE !
UN CATALOGUE DE LA REDOUTE, ÇA COMPTE ?

?
TROP LOIN... J'AI CREUSÉ BEAUCOUP TROP LOIN.

GRIMMY... TU ÉTAIS ENCORE EN TRAIN DE CREUSER DES TROUS DANS LE JARDIN !
LE COCHON M'A DÉNONCÉ, HEIN ?

27

MARCHÉ AUX PUCES
PRIX SACRIFIÉS

REGARDE, GRIMMY... LE PAUVRE BÉBÉ A FROID. IL FAUT FAIRE QUELQUE CHOSE...
UN PEU DE PÂTE BRISÉE FERAIT L'AFFAIRE, NON ?

PUCES A BORD

PTT
PTT
PTT

28

REGARDE, GRIMMY... MIAM, MIAM... DES RESTES...
QUOI ?!
ENCORE DES RESTES ?!
LA DERNIÈRE FOIS QU'ELLE A FAIT LA CUISINE, C'ÉTAIT IL Y A DEUX ANS !
GRIMM

SCRATCH
GNAP
GNAP
GNAP
CÔTÉ MOUVEMENT, ÇA VAUT JANE FONDA, NON ?

C'EST UN BOXER ?
NON... SON TRUC C'EST LE KARATÉ.

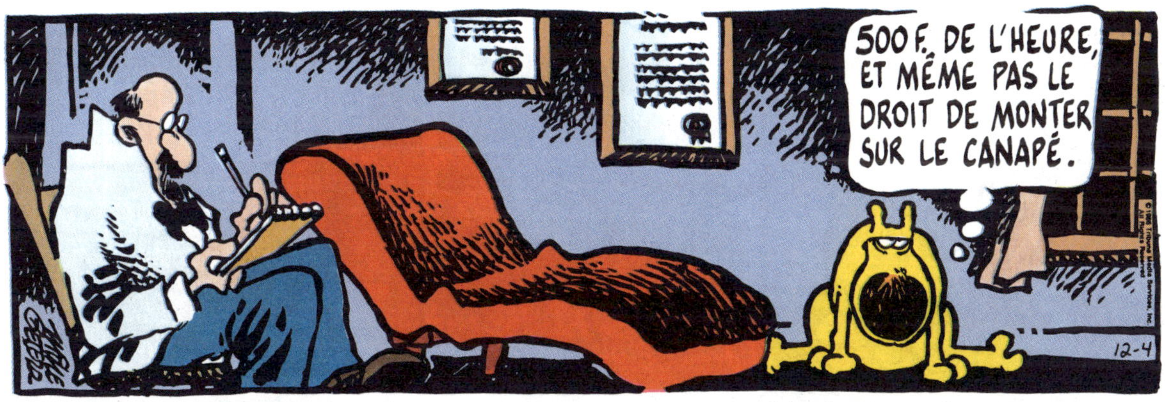
500 F. DE L'HEURE, ET MÊME PAS LE DROIT DE MONTER SUR LE CANAPÉ.

TOUT LE MONDE DEBOUT !
ÉCOUTEZ, LES COPINES, VOUS M'EMPÊCHEZ DE DORMIR...
IL EST 2H. DU MATIN... QU'EST-CE QUE VOUS PROPOSEZ ?
BELOTE !

LE CHIEN VEUT ENTRER.

ÇA , C'EST UN CANARD...
ET ÇA , UN CHEVAL...OU UNE VACHE...
ET VOILÀ UN COCHON... À MOINS QUE ÇA NE SOIT UNE CHÈVRE... OU... BIEN...
VOUS AVEZ DÉJÀ ESSAYÉ LES OMBRES CHINOISES AVEC DES PATTES, VOUS ?

Z
ZIT
IL NE FAUT JAMAIS BAVER SUR UNE COUVERTURE ÉLÉCTRIQUE.

30

1.82 M... JE VAIS LE FAIRE EMPAILLER.
US

LE FACTEUR AIMERAIT RÉCUPÉRER SON VÉLO...

C'EST CONTAGIEUX ?

SI LE PAIN DE SEIGLE EST FAIT DE SEIGLE...
ET LE GÂTEAU DE RIZ, FAIT DE RIZ...
DE QUOI SONT FAITES LES CROQUETTES DE CHIEN ?

31

J'AURAIS PEUT-ÊTRE DÛ FAIRE UN PAQUET CADEAU !
© 1985 Tribune Media Services, Inc. All Rights Reserved

ATTENTION, GRIMMY... JE VIENS DE CIRER LE PARQUET.
©1987 Tribune Media Services, Inc. All Rights Reserved
9-14

CHÈRE MÈRE L'OIE, EST-CE VRAI QU'UN CHIEN PEUT SENTIR A PLUS DE 100 KMS DE DISTAN- CE ?
©1987 Tribune Media Services, Inc. All Rights Reserved
OUI... SURTOUT S'IL EST MOUILLÉ.
9/17

GRIMMY
OH, OH... J'AVAIS PAS TOUT FINI !
9/18
©1987 Tribune Media Services, Inc. All Rights Reserved

32

10-3
©1987 Tribune Media Services, Inc. All Rights Reserved
PTT
DIEU EXISTE !

T'AS ENCORE FERMÉ A CLEF LA PORTE D'ENTRÉE !
©1987 Tribune Media Services, Inc. All Rights Reserved
10-7

JE SUIS PERDU... COMMENT JE VAIS RENTRER A LA MAISON ?
11-23
©1987 Tribune Media Services, Inc. All Rights Reserved
JE VAIS DEVENIR UN CHIEN ERRANT... PASSER MES NUITS DANS DES COUPE-GORGE...
...MANGER DANS DES POUBELLES POUR SURVIVRE.
LA BELLE-VIE, QUOI ?

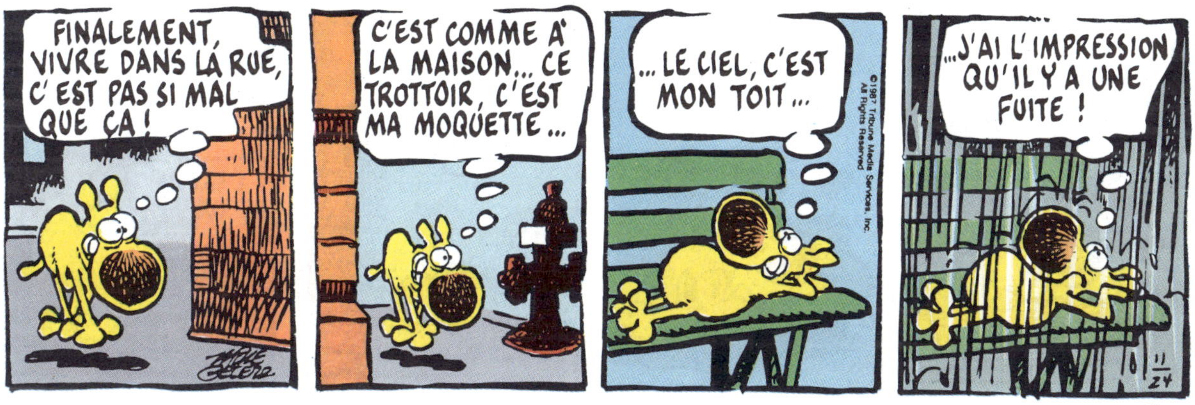
FINALEMENT, VIVRE DANS LA RUE, C'EST PAS SI MAL QUE ÇA !
C'EST COMME A LA MAISON... CE TROTTOIR, C'EST MA MOQUETTE...
...LE CIEL, C'EST MON TOIT...
©1987 Tribune Media Services, Inc. All Rights Reserved
...J'AI L'IMPRESSION QU'IL Y A UNE FUITE !
11/24

33

A L'AIDE ! MES PUCES ONT FAIT UN COUP D'ETAT !
©1987 Tribune Media Services, Inc. All Rights Reserved
11/3

11-6
JE DOIS VÉRIFIER LES REFLEXES DU CHAT.
BONG
TOUT VA BIEN.

TU NE DOIS PAS AVOIR PEUR DE MOI, ATTILA.
J'ABOIE PLUS FORT QUE JE NE MORDS.
OUARF
TU VOIS ?
10-20

UN BAC À SABLE... J'ADORE !
10-21
CREUSER... BATIR DES CHATEAUX...
M'ENTERRER JUSQU'AU COU...
GRIMMY, QUE FAIS-TU DANS LA LITIÈRE DU CHAT !
L'ERREUR DE MA VIE !

34

LAP LAP LAP LAP LAP
10 23
LE COMBLE DU BONHEUR...

CERTAINS CHIENS FONT DE BONS CHASSEURS...
D'AUTRES SONT NÉS POUR ÊTRE CHIEN DE GARDE...
ZZZZZZ
LA SPÉCIALITÉ DE GRIMMY, C'EST D'EMPÊCHER LES COURANTS D'AIR.
Z

SALUT ATTILA.
BOIIIING
C'EST COMME ÇA QUE JE L'AIME!

JE N'AI JAMAIS RIEN VU D'AUSSI BEAU...
SAUF LE JOUR OÙ LE CAMION DES ÉBOUEURS S'EST RENVERSÉ DEVANT LA PORTE.

35

VOYONS VOIR... QU'EST-CE QU'IL Y A LÀ-DEDANS ?
ENTIÈREMENT COMPOSÉE D'ORDURES, DE COQUILLES D'OEUF, DE MARC DE CAFÉ ET DE MORCEAUX D'INSECTES...
CHIC ! DE LA VRAIE PATÉE POUR CHIENS !

QU'EST-CE QUE ÇA ME FAIT PLAISIR QUAND MES PUCES DONNENT UNE FÊTE EN MON HONNEUR...

DITES... AVANT DE RAMASSER CETTE BOULETTE... UNE QUESTION... VOUS AVEZ UNE BONNE ASSURANCE-VIE ?
©1987 Tribune Media Services, Inc.
All Rights Reserved

GRAT GRAT
GNAC GNAC GNAC...
©1987 Tribune Media Services, Inc.
All Rights Reserved
PARFOIS JE ME DEMANDE SI JE NE SUIS PAS BIZARRE-MENT CONSTI-TOÉ...

36

©1987 Tribune Media Services, Inc.
All Rights Reserved
SI PRÈS... MAIS SI LOIN POURTANT...

© 1987 Tribune Media Services, Inc. All Rights Reserved
JE NE COMPRENDS PAS, DOCTEUR... ELLE PASSE SON TEMPS À LE JETER, ET À ME DEMANDER DE LE RAMENER...
FRISBEE
12-12

VOYONS VOIR... UN AN DANS LA VIE D'UN HOMME, ÇA FAIT SEPT POUR UN CHIEN...
DONC UN JOUR DANS LA VIE D'UN HOMME, ÇA FAIT UNE SEMAINE DANS CELLE D'UN CHIEN...
© 1988 Tribune Media Services, Inc. All Rights Reserved
!
2-13
ÇA SIGNIFIE QUE J'AI DROIT À 21 REPAS PAR JOUR !

© 1988 Tribune Media Services, Inc. All Rights Reserved
ALLEZ, ATTILA... ON RECOMMENCE !
2-18

37

BEURK..., DE LA PÂTÉE POUR CHATS !
CAT
ELLE ME PREND POUR QUI ?! C'EST DÉGOÛTANT... J'EN SUIS MALADE ! BEURK, BEURK, BEURK...
© 1988 Tribune Media Services, Inc. All Rights Reserved
JE NE RÉSISTE PAS AU THON !
2/9

VÉTÉRINAIRE
À MON AVIS, IL A BESOIN DE MAIGRIR.
©1988 Tribune Media Services, Inc. All Rights Reserved
2-8

GRIMMY, IL FAIT VRAIMENT TROP FROID POUR SE PROMENER...
SI ON RENTRAIT ? QU'EN PENSES-TU ? HEIN ? D'ACCORD ?
JE PENSE QUE LA RÉPONSE EST "OUI".
1/29
©1988 Tribune Media Services, Inc. All Rights Reserved

!
MERCI... TU PRÉFÈRES LA CARTE VISA OU L'AMERICAN EXPRESS?
©1988 Tribune Media Services, Inc. All Rights Reserved
2-1

38

IL FAUDRAIT PEUT-ÊTRE ARRÊTER LE TRAITEMENT À BASE DE FER.
©1988 Tribune Media Services, Inc. All Rights Reserved
1-18

© 1988 Tribune Media Services, Inc. All Rights Reserved
1-23
INCROYABLE ! MA LANGUE EST RELIÉE À MA QUEUE !

'SOIR, LA TRUFFE, 'SOIR, LES PATTES, 'SOIR, LE VENTRE...
CLICK...
'SOIR, LES PUCES...
'SOIR, GRIMMY...
ELLES SONT BIEN ÉLEVÉES, HEIN ?
© 1988 Tribune Media Services, Inc. All Rights Reserved
1-13

© 1988 Tribune Media Services, Inc. All Rights Reserved
GRIMMY, FAUT VRAIMENT QUE TU ARRÊTES DE CREUSER DANS LE JARDIN !
1-15

39

GRIMMY, DESCENDS DU CANAPÉ !
LES CHIENS NE MONTENT PAS SUR LES CANAPÉS.
QUOI ? COMMENT ?
© 1988 Tribune Media Services, Inc. All Rights Reserved
IL DOIT Y AVOIR UNE ERREUR... OH, NON ! MON DIEU, C'EST VRAI !
3-14
JE SUIS UN CHIEN.

DEPUIS LE TEMPS QUE JE SUIS UN CHIEN SANS LE SAVOIR.
3-15
JE COMPRENDS MAINTENANT POURQUOI JE SUIS COUVERT DE POILS ET JE MANGE PAR TERRE.
MOI QUI CROYAIS ÊTRE SIMPLEMENT UN SALE GOSSE MAL ÉLEVÉ !

COURAGE, MON VIEUX...
© 1988 Tribune Media Services, Inc All Rights Reserved
3-16
T'ES UN CHIEN... RIEN QU'UN CHIEN...
MAIS UN TRÈS BEAU CHIEN.

GRIMMY, ARRÊTE DE T'ANGOISSER... T'ES UN CHIEN, ET ALORS ?
C'EST PAS LA FIN DU MONDE... PRENDS-TOI EN MAINS !
3/17
© 1988 Tribune Media Services, Inc. All Rights Reserved

40

GRIMMY... TU VEUX VOIR QUEL FILM CE SOIR ?
OK...

3-19
ÇA FAIT TROIS HEURES QUE JE SUIS LÀ, ET PERSONNE N'A PROPOSÉ DE ME FAIRE DU BOUCHE À BOUCHE...

3-21
J'AI DIT QUE J'ÉTAIS VÉTÉRINAIRE, C'EST TOUT...

S'IL Y A UN COUP DE FIL DU MUSÉE D'HISTOIRE NATURELLE, TU RÉPONDS PAS !
3-24

41

3-4
CHIEN MÉCHANT!

UNE BONNE POUBELLE, POUR UN CHIEN, C'EST LE SUPERMARCHÉ !
VOILÀ LE RAYON BOUCHERIE... ET LE RAYON PRIMEURS...
LÀ, C'EST LE RAYON LAITERIE...
ET LÀ, LE RAYON CHARCUTERIE PÉRIMÉE DEPUIS UN MOIS.
3-10

TIENS, J'AI DES PETITES PATTES BIZARRES, DES BRAS BIZARRES ET DES JAMBES BIZARRES...
HEUREUSEMENT SEULE LA PARTIE INFÉRIEURE DE MON CORPS À L'AIR BIZARRE.
AHEM !
2-20

MÈRE L'OIE, POURRIEZ-VOUS GARDER MON BERGER ALLEMAND PENDANT QUELQUES JOURS.
BIEN SÛR !
2-23

42

5/5
C'EST PAS JUSTE... JE L'AI VUE LE PREMIER !

LE PAUVRE PETIT GRIMMY EST ENRHUMÉ ...
UN BOL DE POTAGE CHAUD LUI FERA DU BIEN.
ELLE A RAISON !

FAUT QUE JE TROUVE UNE LAISSE PLUS COURTE !

QU'EST-CE QU'ILS SONT MIGNONS !
PETS
REGARDE CES CHIOTS GRIMMY... ILS SONT ADORABLES !
JE N'Y SUIS STRICTEMENT POUR RIEN.

43

QUE D'ARBRES ! JE N'AURAIS PAS ASSEZ D'UNE VIE !

SURTOUT, NE TOUCHE PAS À MES NOUVEAUX POISSONS, GRIMMY.
CE SONT DES PIRANHAS...

QUEL CHIEN HIDEUX.
IL EST LAID... MAIS QU'EST-CE QU'IL EST LAID !
!
QUI ÇA ?

GRIMMY, LES POISSONS TROPICAUX SONT TRÈS FRAGILES.
L'EAU DOIT DEMEURER À LA BONNE TEMPÉRATURE, ET SA COMPOSITION CHIMIQUE IMPECCABLE.
VOYONS... 350° ET UNE CUILLÉRÉE À SOUPE DE SEL.
CUISINE

44

CHIEN DE GARDE.
OH, OH... MINUIT... FAUT QUE JE FASSE MA RONDE.
JE PENSE QUE JE VAIS ATTENDRE MIDI... IL FERA PLUS CLAIR.

GRIMMY, J'ADORAIS CE PULL !
MOI AUSSI.

MARCHÉ AUX PUCES
D'ACCORD, JE VOUS ATTENDS ICI, LES COPINES ... MAIS NE TRAÎNEZ PAS.

CROQUETTES
REGARDE, GRIMMY, ... J'AI PRIS LE PAQUET GÉANT ...
TU POURRAIS ME DONNER UN COUP DE MAIN... C'EST LOURD.
D'AC.
RIP...
MUNCH... MUNCH...

45

FINALEMENT, LES COMPRESSEURS D'ORDURES, ÇA A DES AVANTAGES !
CINQ SACS DE POUBELLES, ÇA DESCEND BIEN AVEC UN VERRE D'EAU.
GURGL.... GURGL....
OUPS.

MES PUCES ADORENT VENIR AU ZOO.
NTELOPE
©1987 Tribune Media Services, Inc All Rights Reserved

JE CROIS QU'IL VEUT FAIRE UN TOUR EN VOITURE.
©1987 Tribune Media Services, Inc All Rights Reserved

SI J'AI BIEN COMPRIS, IL SORT ENVIRON UNE FOIS PAR HEURE.
©1987 Tribune Media Services, Inc All Rights Reserved

46

IL SERAIT TEMPS QU'ELLE CHANGE MON EAU !
GRIMMY
©1987 Tribune Media Services, Inc All Rights Reserved